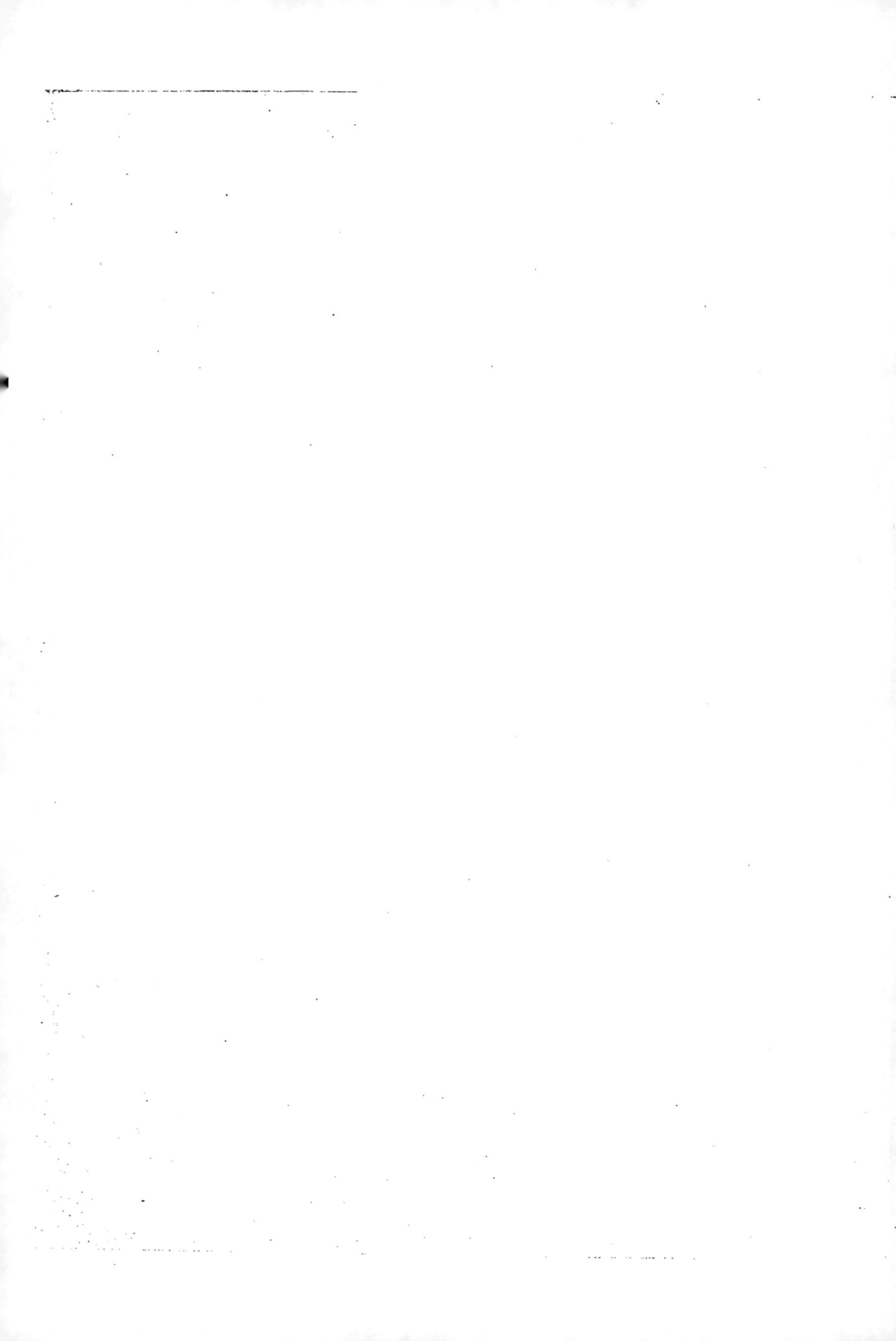

SERVICE DE LA PHOTOGRAPHIE.

F

1958

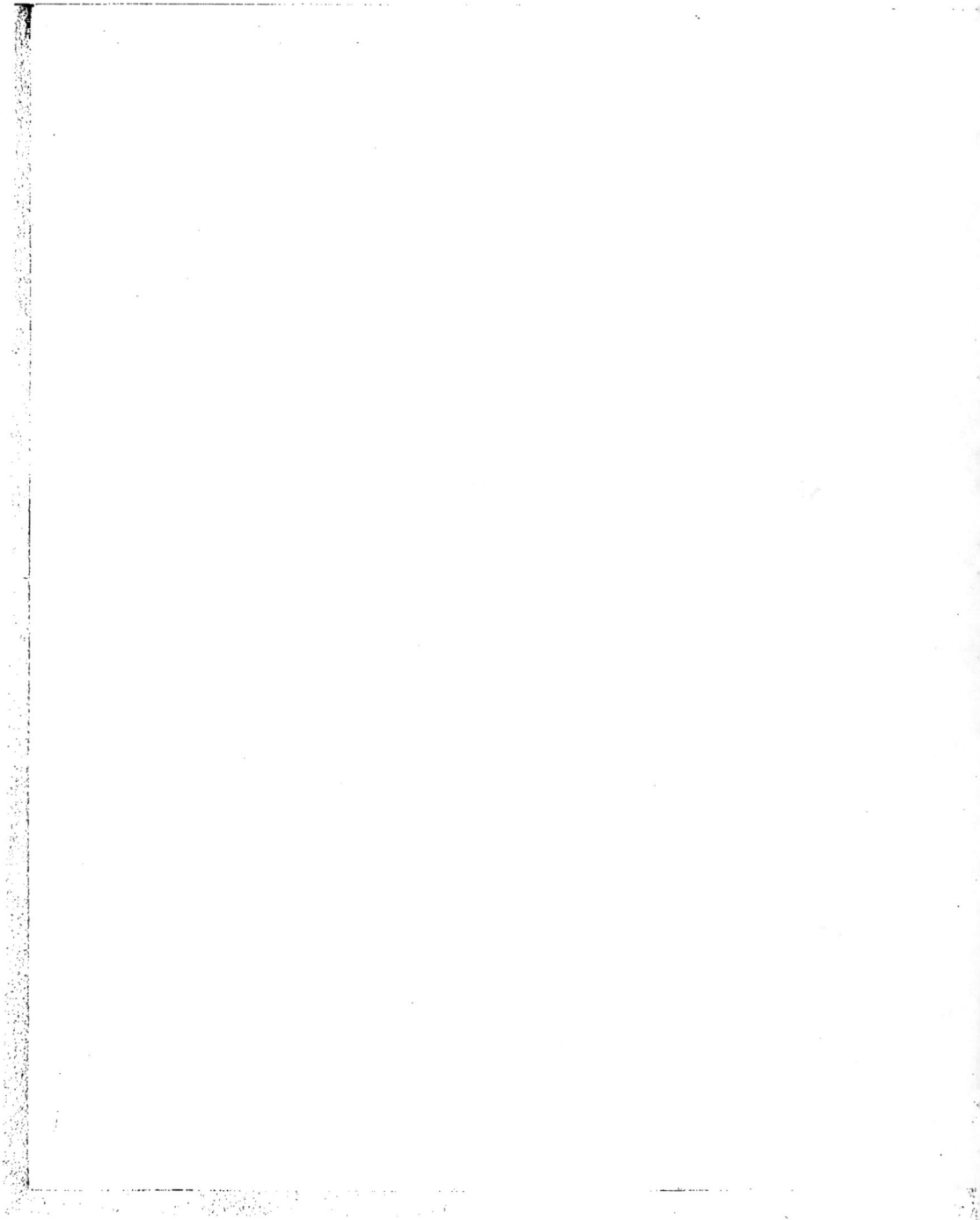

MINISTÈRE

DE L'INSTRUCTION PUBLIQUE, DES CULTES ET DES BEAUX-ARTS.

———

DIRECTION DES SCIENCES ET DES LETTRES

SERVICE DE LA PHOTOGRAPHIE.

———

RAPPORT

DE M. LE BARON DE WATTEVILLE,

DIRECTEUR DES SCIENCES ET DES LETTRES,

ET PIÈCES À L'APPUI.

PARIS.

IMPRIMERIE NATIONALE.

———

M DCCC LXXVII.

RAPPORT

A M. LE MINISTRE DE L'INSTRUCTION PUBLIQUE,

DES CULTES ET DES BEAUX-ARTS,

SUR L'EMPLOI DE LA PHOTOGRAPHIE

DANS LES ÉTABLISSEMENTS SCIENTIFIQUES ET LITTÉRAIRES

DÉPENDANT DE CE DÉPARTEMENT.

———

Monsieur le Ministre,

Dans un précédent rapport, j'ai eu l'honneur de vous signaler les excellents résultats qu'on devait attendre de l'emploi de la photographie pour vulgariser les richesses de nos bibliothèques et pour faciliter aux savants les recherches et les vérifications dont ils auraient besoin. Grâce à la photographie, il est facile de reproduire d'une manière authentique des documents précieux et uniques, qui peuvent être anéantis, et dont des *fac-simile* parfaits assureraient en quelque sorte la survivance. J'ai fait ressortir, d'autre part, auprès de Votre Excellence, les nombreuses demandes de reproduction adressées aux administrations de nos grands établissements, et auxquelles le défaut de règlement et de locaux appropriés ne permettait pas de satisfaire. Il était donc absolument nécessaire d'examiner les moyens de concilier les légitimes exigences du public avec les intérêts que l'État a pour mission de protéger.

2

I

COMMISSION DE PHOTOGRAPHIE.

Pour répondre à ce besoin, votre prédécesseur, Monsieur le Ministre, a créé, par arrêté en date du 7 février 1877, une Commission chargée d'examiner les moyens de reproduire, par la photographie, les documents conservés dans les collections de l'État.

Cette Commission était composée de MM. :

Léopold DELISLE, membre de l'Institut, administrateur général de la Bibliothèque nationale, *président;*

Léon RENIER, membre de l'Institut;

Henri SAINTE-CLAIRE DEVILLE, membre de l'Institut;

MAURY, membre de l'Institut, directeur général des Archives nationales;

RAVAISSON, membre de l'Institut;

Éd. THIERRY, administrateur de la bibliothèque de l'Arsenal;

DAVANNE, président du Comité d'administration de la Société française de photographie;

Aimé GIRARD, professeur au Conservatoire des arts et métiers;

TÉTREAU, directeur au Ministère des travaux publics;

DU MESNIL, directeur de l'Enseignement supérieur;

Baron DE WATTEVILLE, chef de la division des sciences et lettres;

SERVAUX, chef de division adjoint, chargé du bureau des travaux historiques;

COLLIN, chef du bureau des bibliothèques, *secrétaire;*

MORTREUIL, de la Bibliothèque nationale, *secrétaire adjoint.*

II

QUESTIONS SOUMISES À L'EXAMEN DE LA COMMISSION.

Dès la première séance, une question fondamentale s'est naturellement posée devant la Commission : y a-t-il utilité, au point de vue de l'intérêt public, à introduire la photographie dans les établissements de l'État?

Les avantages considérables que pouvait présenter l'emploi de la photographie dans les divers services ressortissant au Ministère de l'instruction publique, tels que les bibliothèques, les archives, les facultés des sciences, les facultés de médecine, les collections d'histoire naturelle, etc., etc., ont été unanimement reconnus.

Les mesures très-délicates et très-complexes dont Votre Excellence avait bien voulu confier l'examen à notre Commission ont été ensuite, et une à une, l'objet d'une étude sérieuse et approfondie, dont témoignent les procès-verbaux joints au présent rapport. L'introduction de la photographie dans les établissements scientifiques et littéraires adoptée, il convenait d'arrêter les bases d'une réglementation qui satisfît non-seulement les droits de l'État, mais les intérêts des savants ou même des industriels; car, ainsi que le faisait remarquer un des membres de la Commission dans la séance du 10 mars 1877 (page 4 des procès-verbaux), l'État a le devoir de protéger les intérêts de l'industrie et du commerce tout autant que ceux de la science ou que les siens propres.

La Commission, dans un sentiment de libérale équité, repoussa toute idée de monopole créé au profit d'un photographe; elle admit dans toute son étendue le principe de la concurrence, et décida qu'elle donnerait le libre accès de nos collections à tous ceux qui justifieraient auprès des chefs de nos établissements de la *convenance* et de l'utilité de leurs travaux.

Mais ce mot vague de *convenance* demandait à être expliqué. — La Commission en a éclairci le sens dans sa séance du 17 mars 1877. (Voir page 8 des procès-verbaux.) Il résulte de sa discussion qu'il importe de défendre les établissements contre des demandes qui pourraient porter atteinte à des intérêts que l'Administration a le devoir de sauvegarder. Il ne serait pas convenable, par exemple, lorsqu'une pièce est offerte gratuitement par un artiste pour compléter la collection de son œuvre, de la laisser reproduire sans l'assentiment du donateur; encore moins d'autoriser les reproductions qui seraient tentées dans un dessein de scandale ou qui pourraient être nuisibles à l'honneur des familles. Il serait absolument inutile enfin de demander à des administrations l'autorisation de reproduire des objets que l'on peut se procurer facilement partout ailleurs et qui se trouvent dans le commerce, etc., etc. En un mot, la Commission entend que les chefs d'établissements ou, en dernier ressort, le Ministre soient libres de rejeter les demandes qui leur paraissent dangereuses ou inutiles.

La facilité accordée au public industriel devait, en outre, provoquer l'examen des précautions à prendre contre la détérioration des pièces soumises à la reproduction. La Commission, dans les divers articles du règlement qui vous est présenté, s'est efforcée de prévenir par tous les moyens possibles les dommages qui pourraient être causés aux pièces originales.

Il convenait également d'assurer la sécurité de nos établissements en éloignant les dangers inhérents à l'emploi de substances inflammables ou explosibles. Aussi la Commission décida-t-elle que l'opération à faire dans les établissements se bornerait à la confection du cliché par un procédé sec, le tirage des épreuves et toutes les autres manipulations devant toujours avoir lieu chez le photographe.

Cette mesure avait deux avantages : concilier la prudence avec le bon emploi des deniers de l'État en ne nécessitant dans nos bibliothèques, nos archives, nos facultés, nos collections d'histoire naturelle, que l'aménagement de salles de pose, aménagement peu coûteux et qui, selon M. le Directeur des bâtiments civils, pouvait être facilement effectué avec les crédits ordinaires du Ministère des travaux publics.

Mais si la Commission est disposée à solliciter pour l'art industriel une grande faveur, celle de rendre nos richesses accessibles à son exploitation, elle considère comme un devoir d'assurer les droits imprescriptibles de l'État. Aussi a-t-elle pensé qu'après avoir exigé les deux exemplaires de l'épreuve tirée que la Bibliothèque nationale, par exemple, réclame de toute personne autorisée à publier un des documents qui lui appartiennent, on devait, en outre, demander la remise d'un cliché dont l'État aurait la faculté de faire usage pour « des travaux d'ordre administratif ou privé. » Par ces mots, la Commission a entendu se réserver le droit de donner d'abord satisfaction à la de-

mande des savants qui solliciteraient la communication de pièces ou de fragments de pièces, et auxquels on prêterait la photographie au lieu de prêter l'original; en second lieu, de préserver les documents de maniements trop répétés, de déplacements dangereux, en les remplaçant par des épreuves; enfin, elle a voulu, en cas de destruction des originaux, avoir un moyen parfait et certain de reproduction.

La question de l'introduction de la photographie dans les musées nationaux ou départementaux n'a pas été examinée par la Commission : le règlement que j'ai l'honneur de proposer à Votre Excellence n'est donc pas applicable à ces établissements.

III

LABORATOIRE CENTRAL DE PHOTOGRAPHIE.

Un point fort important du projet étudié par la Commission et qui est soumis à Votre Excellence était la création d'un laboratoire central de photographie. Il convenait non-seulement de définir bien exactement ce que l'on désignait sous le nom de laboratoire, mais encore de rechercher les meilleurs moyens d'exécution de cet atelier qui nous a semblé indispensable.

La Commission a été d'avis, Monsieur le Ministre, que ce laboratoire pouvait utilement servir :

1° A conserver les clichés déposés par les éditeurs ou les opérateurs et qui deviennent propriété de l'État;

2° A exécuter les travaux photographiques ordonnés par l'administration, tels que les reproductions faites par l'État pour les villes de province ou de l'étranger, qui, à titre gratuit, onéreux ou de réciprocité, demanderaient à faire photographier les objets qui se trouvent dans nos établissements, par exemple les planches faites pour nos pu-

3

blications (*Documents inédits, Revue des Sociétés savantes, Archives des Missions,* etc.);

3° A exercer aux opérations photographiques les personnes désignées par le Ministère pour remplir des missions scientifiques;

4° A vérifier avant le départ l'état des appareils et des produits emportés par ces missionnaires.

L'accomplissement de ce projet, dont l'utilité n'a été contestée par personne dans la Commission, ne paraît pas devoir entraîner l'État dans des dépenses considérables, une construction légère suffisant à l'installation projetée.

Telles sont, Monsieur le Ministre, les différentes questions que la Commission a dû examiner avant d'en faire l'objet du présent arrêté, auquel sera jointe une instruction ministérielle prescrivant aux administrateurs qui dirigent les grands établissements de l'État et indiquant aux directeurs des établissements municipaux les meilleurs moyens d'exécution.

La Commission doit, en outre, faire observer à Votre Excellence qu'en raison du caractère tout spécial de cette réglementation, qui ne s'appuie sur aucun exemple ni aucun précédent, il y aurait intérêt, avant de lui donner plus ample extension, à en faire l'expérience dans nos établissements de Paris, si bien dirigés, et où les résultats de cette tentative nouvelle seraient soumis à l'examen des juges les plus compétents.

Peut-être, Monsieur le Ministre, trouverez-vous quelque peu rigoureuses les dispositions présentées à votre approbation; mais, j'aurai l'honneur de le faire remarquer à Votre Excellence, ce n'est qu'après avoir été éclairé par l'expérience qu'il sera possible de vous proposer une réglementation définitive. Tout fait espérer que nous pourrons alors donner au monde savant, au commerce et à l'industrie des facilités de plus en plus grandes.

En attendant ce moment, j'ai l'honneur de vous demander, Monsieur le Ministre, de vouloir bien approuver l'arrêté ci-joint et l'instruction ministérielle qui l'accompagne.

Je suis avec respect, Monsieur le Ministre, etc.

Le Directeur des sciences et des lettres,

Baron DE WATTEVILLE.

Approuvé :

Le Ministre de l'instruction publique, des cultes et des beaux-arts.

JOSEPH BRUNET.

Paris, 1ᵉʳ juin 1877.

3.

ARRÊTÉ.

Le Ministre de l'instruction publique, des cultes et des beaux-arts,

Vu les lois et ordonnances des 21 octobre 1814, 9 janvier et 27 mars 1828, et 11 octobre 1832;

Considérant l'utilité que doit avoir, au point de vue des intérêts publics, l'introduction de la photographie dans les établissements scientifiques et littéraires;

Considérant les avantages qui peuvent en résulter pour l'accroissement et la conservation des collections de l'État;

Considérant les nombreuses demandes adressées à nos grands établissements à l'effet de reproduire et de vulgariser nos précieux documents;

Considérant la nécessité de concilier dans une réglementation unique les vœux très-légitimes de l'art industriel et les devoirs que nous impose la garde des richesses nationales;

Vu l'avis du Ministère des travaux publics, consulté sur la convenance et les moyens d'exécution du projet dont il s'agit;

Vu l'avis du Comité des travaux historiques et des Sociétés savantes, *sections d'histoire et d'archéologie.*

Vu le rapport de la Commission instituée près notre département,

Arrête :

ARTICLE PREMIER.

L'emploi de la photographie est autorisé dans les établissements scientifiques et littéraires dépendant du Ministère de l'instruction publique. Toutefois il devra être procédé au préalable à l'aménagement de salles de pose dans ceux de ces établissements où le besoin en aura été reconnu.

4

ART. 2.

Toute personne qui voudra obtenir l'autorisation de reproduire ou de faire reproduire par la photographie des objets conservés dans un de ces établissements devra en adresser par écrit la demande au chef de l'établissement. Dans la lettre de demande seront énoncés :

1° Les objets dont on désire prendre ou faire prendre les clichés ;

2° Le caractère et la destination du travail pour lequel ces clichés sont demandés ;

3° Le nom et l'adresse des opérateurs ;

4° La durée présumée des opérations ;

5° L'engagement de se conformer aux règlements de ces établissements ;

6° La déclaration que le demandeur assume absolument les responsabilités de toute nature que pourrait entraîner la reproduction.

ART. 3.

Il est statué sur les demandes d'autorisation par le chef de l'établissement, sauf recours au Ministre, en cas de refus. L'autorisation, dans aucun cas, ne saurait créer de monopole.

ART. 4.

Le chef de l'établissement devra refuser l'autorisation de photographier toutes les fois que l'opération pourrait compromettre la conservation des objets dont la garde lui est confiée ou blesser des convenances qu'il a le devoir d'apprécier.

ART. 5.

Il n'aura pas à tenir compte des demandes de reproduction qui auraient pour objet des pièces qui sont dans le commerce.

ART. 6.

Les opérateurs admis à photographier dans les établissements de l'État ne devront y introduire ni feu ni substances inflammables ou explosibles. Ils ne pourront employer que des surfaces sensibles préparées d'avance par un procédé sec. Ils se borneront aux opérations de pose; toutes les manipulations se feront au dehors.

ART. 7.

Les chefs des établissements fixeront les jours et heures d'ouverture des salles de pose. Ils détermineront dans quel ordre et pendant quel temps seront admis les opérateurs pourvus d'une autorisation.

ART. 8.

Toutes les opérations se feront sous les yeux d'un fonctionnaire ou agent de l'Administration qui veillera à ce que les objets communiqués ne subissent aucune détérioration.

ART. 9.

Le chef de l'établissement devra imposer toutes les mesures de préservation qui lui paraîtraient de nature à éviter la détérioration des objets. Il pourra notamment s'opposer à ce que ceux-ci soient touchés par les opérateurs et exiger qu'ils soient protégés par une glace pendant la durée de l'opération.

ART. 10.

L'Administration supérieure et les chefs des établissements prescriront les mesures qui leur sembleraient utiles pour constater que les épreuves obtenues ne sont que la reproduction d'objets appartenant aux collections de l'État.

ART. 11.

Sera exclu des salles de pose tout opérateur qui aurait enfreint les prescriptions des règlements ou qui aurait compromis la bonne conservation des objets des collections, sans préjudice de l'action en responsabilité qui pourra être exercée contre qui de droit.

ART. 12.

Les personnes qui auront reproduit par la photographie, dans un établissement de l'État, un ou plusieurs objets déterminés devront :

1° Déposer au Ministère de l'instruction publique un bon cliché de chacun de ces objets.

Le cliché sera signé par l'opérateur.

2° Faire parvenir à l'établissement auquel ces objets appartiennent deux exemplaires du tirage. L'envoi de ces deux exemplaires ne dispensera en aucune façon de se conformer aux lois, décrets et règlements qui concernent le dépôt légal.

ART. 13.

Les clichés déposés deviendront la propriété de l'État, qui pourra en faire usage pour des travaux d'ordre administratif ou privé.

ART. 14.

Un laboratoire central sera installé, avec le concours de l'administration des travaux publics, dans une dépendance du Ministère de l'instruction publique. Il servira :

1° A conserver les clichés déposés conformément aux dispositions de l'article 12 ;

2° A exécuter les travaux photographiques qui seraient ordonnés par l'administration ;

3° A exercer aux opérations photographiques les personnes désignées par le Ministre pour remplir des missions déterminées ;

4° A vérifier, avant le départ, l'état des appareils et des produits emportés par ces missionnaires.

Fait à Paris, le 1er juin 1877.

Signé : Joseph BRUNET.

INSTRUCTIONS

POUR L'APPLICATION DU RÈGLEMENT

SUR L'EMPLOI DE LA PHOTOGRAPHIE

DANS LES ÉTABLISSEMENTS SCIENTIFIQUES ET LITTÉRAIRES

DÉPENDANT

DU MINISTÈRE DE L'INSTRUCTION PUBLIQUE.

———————

Monsieur,

Les nombreuses demandes qui ont été adressées à mon administration pour obtenir le droit de reproduire des documents ou des objets faisant partie des collections scientifiques de l'État, m'ont déterminé à soumettre à l'examen d'une Commission les questions toutes nouvelles que présente l'introduction de l'emploi de la photographie dans les établissements ressortissant de mon département.

Après avoir délibéré sur tous les points délicats dont j'avais cru devoir la saisir, la Commission a chargé M. le baron Watteville, directeur des sciences et lettres, de m'exposer les motifs sur lesquels s'appuyaient ses propositions, et de présenter à mon approbation le règlement qu'elle avait préparé. Il fallait tenir compte tout à la fois des besoins de la science, des vœux très-légitimes de l'art industriel, et des devoirs qu'impose à l'État la conservation des richesses dont il a la garde.

En vous transmettant mon arrêté et le rapport qui l'accompagne,

je crois devoir vous adresser des instructions administratives et techniques, à l'effet de vous aider dans l'accomplissement de la double mission qui vous est confiée, comme délégué de l'État, pour la conservation de nos richesses nationales, et comme exécuteur d'une mesure toute nouvelle qui tend à favoriser les besoins toujours croissants de la science et de l'industrie. Je parcourrai donc avec vous, Monsieur, les différents articles dudit règlement, et je ferai suivre chacun d'eux des commentaires qui me paraîtront nécessaires à leur application. .

ARTICLE PREMIER.

L'emploi de la photographie est autorisé dans les établissements scientifiques et littéraires dépendant du Ministère de l'Instruction publique. Toutefois, il devra être procédé au préalable à l'aménagement de salles de pose dans ceux de ces établissements où le besoin en aura été reconnu.

Les résultats d'une opération photographique bien faite sont subordonnés, non-seulement à la lumière, mais aussi à la disposition de l'éclairage; le but de l'aménagement des salles de pose est de faciliter ces deux conditions en permettant de présenter les objets à reproduire sous le jour le plus favorable.

Dans un certain nombre de circonstances, la nature même des objets ou les conditions d'emplacement dans lesquelles ils se trouvent, ou leur valeur toute exceptionnelle s'opposent à ce qu'ils soient transportés. Alors il pourra être donné une autorisation d'en faire la photographie sur place.

Le plus souvent, et principalement dans les bibliothèques, les objets pourront être portés dans les salles de pose spécialement aménagées, ce qui sera toujours préférable.

Les articles du présent règlement sont applicables dans l'un et l'autre cas.

Pour l'aménagement des salles de pose, il faut rechercher les meilleures conditions d'orientation, de dimension et d'éclairage.

Lorsque le bâtiment dans lequel la salle de pose doit être établie se trouve au milieu d'autres constructions, l'emplacement devra être cherché uniquement dans les parties élevées, de manière à obtenir la lumière verticale et horizontale; si l'on dispose de vastes terrains non construits, on peut à la rigueur faire cette salle au rez-de-chaussée, mais on doit redouter l'humidité; dans tous les cas, un éclairage seulement latéral *ou* vertical serait insuffisant, les deux conditions doivent être réunies; c'est pourquoi les parties élevées des bâtiments seront préférables parce qu'elles permettent d'éviter les étages supérieurs et les constructions voisines masquant la lumière.

Pour la régularité de l'éclairage, la salle devra être établie au nord dans le sens de la longueur; en cas d'impossibilité, il faudrait avoir recours à un double système de châssis vitrés permettant de substituer des verres dépolis aux verres ordinaires lorsque le travail se trouverait entravé par les rayons directs du soleil.

La dimension de la salle de pose devra être *au moins* de 8 mètres de long sur 5 ou 6 mètres de large, cette dimension est donnée comme un minimum; on doit tenir compte en effet qu'il peut être souvent nécessaire d'employer des appareils de grande dimension pour certaines grandes reproductions telles que cartes, gravures, dessins, surtout lorsqu'on veut les faire de format égal. Une salle vaste sera donc toujours préférable, elle permettra d'ailleurs, dans un grand nombre de circonstances, de laisser travailler ensemble plusieurs opérateurs.

Il est inutile, il serait même nuisible, d'avoir une trop grande hauteur : la lumière serait très-atténuée dans les parties basses; une moyenne de 4 mètres et même moins sera suffisante.

L'accès de la salle devra être facile, par escaliers et couloirs, puisqu'il peut être nécessaire d'y apporter de grands appareils.

La lumière sera donnée dans la partie haute par un large châssis vitré, suivant le plus souvent l'inclinaison du toit; la paroi verticale correspondante sera également vitrée. Les dimensions de ces vitrages seront subordonnées aux dimensions de la salle; il sera toujours utile, avant l'exécution du projet, de le soumettre à une personne compétente en indiquant l'orientation.

Au sommet du vitrage et en dehors, il serait bon d'élever une sorte d'auvent ou cloison mince en bois ou autrement, de hauteur variable suivant la largeur de l'atelier et destiné à faire une sorte de parasoleil. Des rideaux ou des stores ou de doubles châssis mobiles à verres dépolis devront toujours faciliter un abri contre les rayons directs du soleil.

Ces larges vitrages concentrant dans l'atelier la chaleur du soleil, il est indispensable que de très-larges ouvertures permettent un facile renouvellement de l'air.

Un ou plusieurs chevalets bien disposés recevront les pièces à reproduire.

Les opérateurs apporteront leur matériel; il serait à désirer cependant qu'un ou deux pieds photographiques fussent à demeure dans la salle de pose et mis à la disposition des opérateurs, de manière à simplifier beaucoup le transport du matériel et la solidité de l'installation sur les parquets qui seront en même temps garantis contre la détérioration que pourraient produire les piquants des pieds de campagne.

Un cabinet faiblement éclairé par des carreaux jaune orangé, disposés de manière à pouvoir diminuer à volonté la lumière admise, sera installé à côté de la salle de pose; la dimension de ce cabinet peut être réduite à 9 ou 10 mètres superficiels; une planche formant table et ayant 60 centimètres environ de largeur, sera adossée le long d'un des côtés du mur.

Il serait utile que l'entrée de ce cabinet fût protégée par une double porte formant en quelque sorte une écluse contre la lumière; les deux portes seront séparées par un espace suffisant pour qu'une personne puisse s'y tenir, soit 75 centimètres à 1 mètre; cela permettra l'entrée et la sortie de ce cabinet sans y laisser pénétrer la lumière du jour.

En effet, une inadvertance pourrait amener en un instant la perte de tout le travail accompli dans la journée, si l'on ne prenait cette précaution.

Cette pièce secondaire est indispensable pour le changement des surfaces sensibles et le chargement des châssis après chaque opération.

ART. 2.

Toute personne qui voudra obtenir l'autorisation de reproduire ou de faire reproduire des objets conservés dans un de ces établissements, devra en adresser par écrit la demande au chef de l'établissement; dans la lettre de demande seront énoncés :

1° Les objets dont on désire prendre ou faire prendre des clichés;

2° Le caractère et la destination du travail pour lequel ces clichés sont demandés ;

3° Le nom et l'adresse des opérateurs ;

4° La durée présumée des opérations ;

5° L'engagement de se conformer aux règlements de ces établissements ;

6° La déclaration que le demandeur assume absolument les responsabilités de toute nature que la reproduction pourrait entraîner.

Il sera certainement très-difficile que l'opérateur puisse fixer à l'avance la durée, même probable, des opérations. Cette durée, en effet, est subordonnée principalement aux diverses conditions de la lumière, et par conséquent elle varie non-seulement avec les différentes époques de l'année, mais aussi avec l'état du ciel ; elle est soumise aux difficultés inattendues que peut présenter le sujet à reproduire, quelquefois même à des insuccès momentanés que le photographe le plus habile n'est pas toujours maître de conjurer immédiatement : il sera donc nécessaire de laisser une certaine latitude au photographe qui pourra facilement se tromper dans son appréciation première.

ART. 3.

Il est statué sur les demandes d'autorisation par le chef de l'établissement, sauf recours au Ministre en cas de refus. L'autorisation ne saurait, dans aucun cas, créer de monopole.

Le chef de l'établissement devra, quand la demande aura pour objet la reproduction complète d'un manuscrit, en référer au Ministre, comme cela a lieu déjà pour les autres modes de reproduction. Il conviendra en outre que l'administration centrale soit informée des demandes sur lesquelles le chef de l'établissement, de par le règlement, aura directement statué.

En cas de refus d'autorisation, le demandeur pourra recourir au Ministre, qui examinera alors les motifs de la décision.

ART. 4.

Le chef de l'établissement devra refuser l'autorisation de photographier toutes les fois que l'opération pourrait compromettre la conservation des objets dont la garde lui est confiée, ou blesser des convenances qu'il a le devoir d'apprécier.

L'opération photographique, se faisant à distance, ne pourra jamais compromettre *par elle-même* la conservation des objets à photographier ; ce sont les déplacements, les conditions de pose de ces objets qui pourraient offrir quelques dangers.

Le chef de l'établissement devra donc porter tout spécialement son attention sur les risques de déplacement, d'exposition à la lumière diffuse de l'atelier, sur les nécessités de prendre certaines dispositions telles que l'ouverture plus ou moins grande des reliures, la planimétrie des feuillets, des gravures, etc.

Si ces conditions lui semblent incompatibles avec la conservation des objets, il devra refuser l'autorisation; si elles ne sont pas incompatibles, il devra se reporter à l'article 9, qui lui prescrit de prendre telles mesures qu'il jugera convenables pour éviter la détérioration des objets à photographier. Le chef de l'établissement devra apprécier, en outre, si la demande n'est pas faite dans un but de scandale, si elle ne peut nuire à l'honneur des familles, si elle ne nécessite pas certaines obligations morales, telles que l'autorisation préalable du donateur de l'objet dont on sollicite la reproduction. En un mot, il conviendra d'examiner si la demande ne peut porter atteinte à des intérêts que l'administration a le devoir de sauvegarder.

Les reproductions photographiques ne pourront, en aucun cas, remplacer les copies authentiques délivrées par les archives nationales, copies qui, aux termes des lois et règlements, doivent être expédiées sur papier timbré. Toutefois il peut toujours être fait des *fac-simile* photographiques des documents déposés aux archives.

ART. 5.

Il n'aura pas à tenir compte des demandes de reproduction qui auraient pour objet des pièces qui sont dans le commerce.

Ne sont pas considérées comme étant dans le commerce les pièces rares qui se vendent soit aux enchères, soit chez les marchands, soit par les particuliers, à des prix exceptionnels.

ART. 6.

Les opérateurs admis à photographier dans les établissements de l'État ne devront y introduire ni feu ni substances inflammables ou explosibles; ils ne pourront employer que des surfaces sensibles préparées d'avance par un procédé sec. Ils se borneront aux opérations de pose; toutes les manipulations se feront au dehors.

Cet article ayant pour but, non-seulement de sauvegarder les pièces à reproduire contre le contact possible de substances qui pourraient les altérer, mais, ce qui est plus grave, de ne pas compromettre par des risques d'incendie l'existence de l'établissement tout entier, on devra veiller à ce que les opérateurs s'y conforment strictement, à ce qu'ils n'apportent ni liquides, ni flacons, ni cuvettes. Le photographe préparera chez lui les surfaces sensibles, qu'il apportera à l'état sec, il pourra en introduire tel nombre qu'il voudra pour le travail de la journée, les changer au fur et à mesure des reproductions faites, et il les remportera pour terminer à son atelier les opérations de développement, etc.

Il sera prudent, pour la conservation des parquets et des objets exposés, de s'assurer que les surfaces sont réellement sèches, et qu'il ne s'écoule aucun liquide des châssis dans lesquels elles sont renfermées.

ART. 7.

Les chefs des établissements fixeront les jours et heures d'ouverture des salles de pose; ils détermineront dans quel ordre et pendant quel temps seront admis les opérateurs pourvus d'une autorisation.

Dans l'application de cet article, il est nécessaire que les chefs d'établissement tiennent compte des exigences de la photographie pour laquelle la première condition est la lumière.

Les heures devront donc être fixées en conséquence.

Dans la période des jours longs, le travail peut commencer dès les premières heures de la matinée et se prolonger jusqu'à quatre et même cinq heures.

Dans la période des jours courts, le temps utilisable se restreint de plus en plus et peut se trouver limité de neuf heures à trois heures, et même moins dans les mois de novembre et de décembre.

ART. 8.

Toutes les opérations se feront sous les yeux d'un fonctionnaire ou agent de l'Administration qui veillera à ce que les objets communiqués ne subissent aucune détérioration.

ART. 9.

Le chef de l'établissement devra imposer toutes les mesures de préservation qui lui paraîtraient de nature à éviter la détérioration des objets. Il pourra notamment s'opposer à ce que ceux-ci soient touchés par les opérateurs et exiger qu'ils soient protégés par une glace pendant la durée de l'opération.

Les articles 4. 8 et 9 concourent au même but, la conservation des collections.

Si les déplacements et les dispositions nécessaires pour photographier les objets devaient en compromettre la conservation, les chefs des établissements refusent l'autorisation.

Si cette conservation dépend de mesures à prendre, ces mesures sont imposées à l'opérateur, toutefois après s'être entendu avec lui; car si ces conditions doivent être telles qu'il juge son travail impossible ou trop onéreux, il pourrait peut-être indiquer dans quelle mesure il serait désirable de les modifier utilement, ou renoncer immédiatement au travail projeté.

Souvent l'opérateur ne pourra juger par lui-même les risques qu'il ferait courir aux pièces dont il demande à faire la reproduction : les chefs d'établissement devront donc user dans une large mesure, surtout avec des opérateurs encore inconnus, du droit que leur donne l'article 9 de ne laisser toucher les pièces communiquées que par les agents de l'Administration. La protection de ces pièces par une glace entraînera certaines dispositions de chevalet ou de pupitre qui devront être étudiées. La position de ces supports et de la glace devra être telle, par rapport à l'instrument photographique, qu'il ne se produise pas de reflets lumineux qui empêcheraient une bonne opération. Les essais ont prouvé que, dans des conditions bien comprises, l'interposition de la glace n'apportait qu'une gêne et non un empêchement.

L'attention des chefs d'établissement est appelée d'une manière toute spéciale sur le cas où des pièces sembleraient destinées par leur vétusté même à disparaître dans un avenir prochain : ils devront en référer à l'Administration et chercher à en faire faire la copie photographique, même si cette copie entraînait quelques risques, soit en autorisant les demandes privées qui se présenteraient, soit en sollicitant le concours de l'Administration supérieure.

ART. 10.

L'Administration supérieure et les chefs des établissements prescriront les mesures qui leur sembleraient utiles pour constater que les épreuves obtenues ne sont que la reproduction d'objets appartenant aux collections de l'État.

Lorsque le chef de l'établissement aura lieu de craindre que la reproduction photographique puisse servir à une contrefaçon frauduleuse, il devra vérifier si la pièce à photographier porte le timbre réglementaire convenablement appliqué; s'il s'agit de parties non sujettes à être timbrées, il pourra placer sur l'objet une marque provisoire, par exemple, en appliquant cette marque au verso d'une glace qui recouvrira la feuille à photographier, de telle sorte que, par la superposition à la place voulue, elle soit reproduite sur le cliché. Ce ne serait donc que par des manœuvres coupables, justifiables des tribunaux, que l'opérateur pourrait user de supercherie.

Ces contrefaçons semblent plus particulièrement à craindre pour les estampes ou pour les imprimés. L'article 11 devra être appliqué au coupable avec rigueur en le signalant à l'Administration supérieure et en lui interdisant dorénavant, pour ses opérations, l'entrée des établissements.

ART. 11.

Sera exclu des salles de pose tout opérateur qui aurait enfreint les prescriptions des règlements, ou qui aurait compromis la bonne conservation des objets des collections, sans préjudice de l'action en responsabilité qui pourra être exercée contre qui de droit.

ART. 12.

Les personnes qui auront reproduit par la photographie, dans un établissement de l'État, un ou plusieurs objets déterminés devront :

1° Déposer au ministère de l'instruction publique un bon cliché de chacun de ces objets; ce cliché sera signé par l'opérateur ou son mandant;

2° Faire parvenir à l'établissement auquel ces objets appartiennent deux exemplaires du tirage. L'envoi de ces deux exemplaires ne dispensera en aucune façon de se conformer aux lois, décrets et règlements qui concernent le dépôt légal.

La nécessité de déposer un cliché dont on puisse tirer une bonne épreuve est évidente, puisque ce dépôt a pour but : d'assurer dans l'avenir l'existence d'un *fac-simile* en cas de perte de l'original; d'avoir tout prêt, soit pour les échanges, soit pour des publications administratives, soit pour des renseignements à donner, un type qui fournisse les épreuves nécessaires sans qu'un second déplacement fasse courir de nouveaux risques à l'original.

Cette mesure du dépôt d'un bon cliché permet de concilier les intérêts de l'État et ceux de l'éditeur.

Pour juger la bonté du cliché, on pourra, en cas de doute, exiger que l'opérateur y joigne une épreuve tirée et certifiée conforme.

Pour opérer le dépôt du cliché, il ne semble pas nécessaire que l'opérateur en fasse deux, cela peut être laissé à sa convenance; s'il n'a qu'un cliché, il devra s'engager à le remettre dans un délai fixé d'un commun accord et jugé suffisant pour l'exécution du travail entrepris. Ce délai ne pourra, dans aucun cas, dépasser six mois.

Le cliché devra porter le nom de celui qui a le droit d'en faire usage, et dans le cas où la contrefaçon serait à craindre, le chef d'établissement pourra exiger que ce nom soit sur l'image même et non sur la marge. Si, plus tard, la personne qui a obtenu l'autorisation de faire ou de faire faire ce cliché en avait de nouveau besoin, elle demandera que le cliché déposé lui soit prêté sous les mêmes conditions.

En cas de non-exécution ou de mauvaise volonté dans l'exécution du dépôt, on trouve dans l'article 11 une sanction facile à laquelle les opérateurs sérieux ne voudront pas s'exposer.

ART. 13.

Les clichés déposés deviendront la propriété de l'État, qui pourra en faire usage pour des travaux d'ordre administratif ou privé.

Cet article expose nettement que l'État devient *propriétaire* du cliché déposé; par conséquent, il n'encourt aucune responsabilité, quoi qu'il advienne de ce cliché qu'il peut traiter comme bon lui semble.

En ajoutant que l'État pourra en faire usage pour des travaux d'ordre administratif ou privé, on a supprimé toute idée d'emploi commercial pouvant créer sciemment une concurrence au travail pour lequel le cliché a été primitivement fait.

ART. 14.

Un laboratoire central sera installé, avec le concours de l'administration des travaux publics, dans une dépendance du ministère de l'instruction publique.

Il servira :

1° A conserver les clichés déposés conformément à l'article 12 ;

2° A exécuter les travaux photographiques qui seraient ordonnés par l'administration ;

3° A exercer aux opérations photographiques les personnes désignées par le Ministre pour remplir des missions déterminées ;

4° *A vérifier avant le départ l'état des appareils et des produits emportés par ces missionnaires.*

L'installation du laboratoire central sera l'objet d'études ultérieures pour en déterminer l'emplacement et les diverses dispositions.

J'appelle, Monsieur, toute votre attention sur les mesures que je viens de prendre et sur le commentaire qui l'accompagne. Permettez-moi de compter sur votre expérience et sur votre zèle pour en assurer le succès. Veuillez les étudier et me faire connaître votre avis.

Je ne doute pas qu'avec les conseils que je sollicite, et les résultats qu'une application immédiate du règlement nous mettra à même d'apprécier, nous ne soyons en mesure, dans un temps très-prochain, d'établir définitivement sur les bases les plus larges et les plus satisfaisantes un service dont l'importance et l'utilité ne sont plus à démontrer.

Recevez, Monsieur, l'assurance de ma considération très-distinguée.

Le Ministre de l'instruction publique, des cultes et des beaux-arts,

Joseph BRUNET.

Paris, le 30 juin 1877.

ARRÊTÉ.

Le Ministre de l'instruction publique, des cultes et des beaux-arts,

Vu l'arrêté du 1er juin 1877, relatif à l'emploi de la photographie dans les établissements scientifiques et littéraires dépendant de notre département,

ARRÊTE :

ARTICLE PREMIER.

Il est institué près le Ministère de l'instruction publique, des cultes et des beaux-arts une Commission consultative et permanente composée de :

MM. Henri Sainte-Claire Deville, membre de l'Institut;
    Du Mesnil, conseiller d'État, directeur de l'enseignement supérieur;
    Boutan, directeur de l'enseignement primaire;
    le baron de Watteville, directeur des sciences et des lettres;
    Tétreau, directeur au Ministère des travaux publics;
    Davanne, président du comité d'administration de la Société française de photographie;
    A. Girard, professeur au Conservatoire des arts et métiers;
    Servaux, sous-directeur des sciences et des lettres;
    J. Collin, chef du Bureau des bibliothèques.

ART. 2.

La Présidence en est conférée à M. le baron de Watteville.
M. J. Collin remplira les fonctions de Secrétaire.

ART. 3.

Les attributions de cette Commission sont déterminées ainsi qu'il suit :

Elle donnera son avis au Ministre sur toutes les questions qui lui seront posées concernant l'emploi de la photographie;

Sur l'aménagement des salles de pose dans les établissements.

Sur les questions relatives :

1° Aux autorisations à accorder aux établissements français ou étrangers et aux particuliers;

2° Aux mesures à prendre contre les contrefacteurs ou toute personne qui aurait enfreint le règlement;

3° A la répartition des épreuves remises par les photographes;

4° A la réception des clichés;

5° A la désignation des opérations qui doivent être faites dans ce laboratoire.

Elle dirigera les études des personnes chargées de missions scientifiques, qui désireraient s'exercer dans ledit laboratoire aux manipulations photographiques.

6° Aux opérations à exécuter pour les publications faites sur la demande des trois sections du Comité des travaux historiques. ou pour les besoins du Ministère.

Fait à Paris, le 10 juillet 1877.

Signé : Joseph BRUNET.

TABLE DES MATIÈRES.